essentials

Springer Essentials sind innovative Bücher, die das Wissen von Springer DE in kompaktester Form anhand kleiner, komprimierter Wissensbausteine zur Darstellung bringen. Damit sind sie besonders für die Nutzung auf modernen Tablet-PCs und eBook-Readern geeignet. In der Reihe erscheinen sowohl Originalarbeiten wie auch aktualisierte und hinsichtlich der Textmenge genauestens konzentrierte Bearbeitungen von Texten, die in maßgeblichen, allerdings auch wesentlich umfangreicheren Werken des Springer Verlags an anderer Stelle erscheinen. Die Leser bekommen „self-contained knowledge" in destillierter Form: Die Essenz dessen, worauf es als „State-of-the-Art" in der Praxis und/oder aktueller Fachdiskussion ankommt.

Haci-Halil Uslucan

Stereotype, Viktimisierung und Selbstviktimisierung von Muslimen

Wie akkurat sind unsere Bilder über muslimische Migranten

Haci-Halil Uslucan
Institut für Turkistik
Universität Duisburg Essen
Essen
Deutschland

Dieser Beitrag ist Teil des Buchs „Islamverherrlichung- Wenn die Kritik zum Tabu wird", herausgegeben von Thorsten Gerald Schneiders, Wiesbaden 2010

ISSN 2197-6708
ISBN 978-3-658-05389-5
DOI 10.1007/978-3-658-05390-1

ISSN 2197-6716 (electronic)
ISBN 978-3-658-05390-1 (eBook)

Die Deutsche Nationalbibliothek verzeichnet diese Publikation in der Deutschen Nationalbibliografie; detaillierte bibliografische Daten sind im Internet über http://dnb.d-nb.de abrufbar.

Springer VS
© Springer Fachmedien Wiesbaden 2014
Das Werk einschließlich aller seiner Teile ist urheberrechtlich geschützt. Jede Verwertung, die nicht ausdrücklich vom Urheberrechtsgesetz zugelassen ist, bedarf der vorherigen Zustimmung des Verlags. Das gilt insbesondere für Vervielfältigungen, Bearbeitungen, Übersetzungen, Mikroverfilmungen und die Einspeicherung und Verarbeitung in elektronischen Systemen.

Die Wiedergabe von Gebrauchsnamen, Handelsnamen, Warenbezeichnungen usw. in diesem Werk berechtigt auch ohne besondere Kennzeichnung nicht zu der Annahme, dass solche Namen im Sinne der Warenzeichen- und Markenschutz-Gesetzgebung als frei zu betrachten wären und daher von jedermann benutzt werden dürften.

Gedruckt auf säurefreiem und chlorfrei gebleichtem Papier

Springer VS ist eine Marke von Springer DE. Springer DE ist Teil der Fachverlagsgruppe Springer Science+Business Media
www.springer-vs.de

Vorwort

Will man die soziale Integration von Minderheiten verstehen, so ist eines der probaten Wege, diese über ihre Diskriminierungserfahrungen zu analysieren. Denn gerade Umfang, Ausmaß und die Nachhaltigkeit von Diskriminierungen sind essenziell für ein Verständnis dessen, ob bestimmte Gruppen dazu gehören oder ausgeschlossen sind. Denn sowohl die Identifikation als auch die Bereitschaft, mit Angehörigen der Mehrheitsgesellschaft im Alltag und in der Freizeit Kontakte einzugehen, sind davon bestimmt, welche Signale und Gesten die Aufnahmegesellschaft sendet. Unzweifelhaft wird ein Leben voller Kränkungen durch Alltagsdiskriminierung sowohl die Integrationsbemühung von neuen Zuwanderern torpedieren als auch bei den schon lange hier ansässigen, eigentlich schon „gut integrierten" das Gefühl freisetzen, dass ihnen trotz ihrer beachtlichen Integrationsleistungen die Zugehörigkeit verweigert wird, was zu kognitiven und emotionalen Verunsicherungen führt. Zwar sind subjektive Diskriminierungswahrnehmungen nicht immer ein direktes Abbild objektiver Tatsachen, gleichwohl sind diese jedoch – trotz der Verzerrung – für den Einzelnen handlungsleitend und relevant für die Deutung der jeweiligen Situation.

Prof. Dr. Haci-Halil Uslucan

Inhaltsverzeichnis

1 Einleitung 1
2 Vorurteile als zentrale Hemmnisse der Integration muslimischer Zuwanderer 3
  2.1 Integration von Muslimen: die Selbstsicht 5
  2.2 Die Fremdsicht: Diskriminierungserfahrungen von Muslimen:..... 7
    2.2.1 Einstellungen gegenüber Muslimen und ihre Darstellung in den Medien 8
    2.2.2 Religiosität als Hindernis im Arbeitsleben 10
    2.2.3 Diskriminierungserlebnisse im Alltag 10
  2.3 Die Sicht der Betroffenen 12
    2.3.1 Auswirkungen erfahrener Diskriminierung 12
  2.4 Dialektik von Ausgrenzung und Selbstausgrenzung............... 13
  2.5 Auswege aus der Umklammerung von Viktimisierung und Selbstviktimisierung 14
    2.5.1 Kulturell-religiöse Differenzen oder Modernitätsunterschiede 14
    2.5.2 Voraussetzungen des Vergleichs 15
    2.5.3 Folgen von Diskriminierung 16
    2.5.4 Normbildung 17
    2.5.5 Sensible Berichterstattung.............................. 17
    2.5.6 Vorurteilsabbau durch Kontakte 17
    2.5.7 Vorbeugen ist besser als Intervenieren 18

Literatur 19

Einleitung

Wenn wir den gegenwärtigen Diskurs über Zuwanderer kritisch betrachten, so ist hier zu fragen: Von welchen Bildern werden wir geleitet, wenn wir über die „Anderen" reden? Woher stammen unsere Informationen und Vorstellungen über sie? Wie werden die „Anderen" konstruiert? Sehen wir hier einmal von den professionell in diesem Feld tätigen Personen ab, so ist festzuhalten, dass der größte Teil der Bilder und Vorstellungen medialen Präsentationen entspringt. Und da der größte Teil der deutschen Bevölkerung nur in den seltensten Fällen Ethnomedien, also Medien von und für Zuwanderer nutzen, stellen für sie die Mehrheitsmedien die einzige Informationsquelle über die Lebenswelten von Zuwanderern dar. Wie werden sie dort dargestellt? Welche Möglichkeiten haben Sie, originär selber zu sprechen und die Selbstsicht zu präsentieren?

Eine Vielzahl von Inhaltsanalysen zeigt, dass Zuwanderer in den deutschen Medien überwiegend negativ oder recht verzerrt dargestellt werden. Deutlich häufiger tauchen sie in eher belasteten als in positiven Kontexten auf, so etwa als Kriminelle, als Problemgruppen etc. (vgl. Bonfadelli 2007).

So ist nicht nur ihre Präsentation, sondern auch ihre Repräsentation höchst verbesserungswürdig: Sie sind bspw. mit nur 1,2 % in den Redaktionen deutscher Tageszeitungen vertreten, obwohl ihr Anteil an der Bevölkerung rund 20 % beträgt, d. h. in der Bevölkerung hat zwar jeder fünfte eine Zuwanderungsgeschichte, aber in den Redaktionsräumen nicht einmal jeder 50. (vgl. Geißler und Pöttker 2010). Dadurch ist die Möglichkeit, dass Zuwanderer authentisch über ihre Lebenswelten

---

Bei diesem Beitrag handelt es sich weitestgehend um eine leichte Modifikation des folgenden Artikels: Uslucan, H.-H. (2010). Muslime zwischen Diskriminierung und Opferhaltung. In T. G. Schneiders (Hrsg.), Islamverherrlichung. Wenn die Kritik zum Tabu wird (S. 367–377). Wiesbaden: VS-Verlag für Sozialwissenschaften. Der Autor dankt dem VS-Springer Verlag für die Möglichkeit des überarbeiteten Abdruckes eines bereits publizierten Textes.

berichten können, recht bescheiden. Eine jüngere Analyse hat ziemlich eindringlich herausgearbeitet, als welche „Figuren" Zuwanderer (und hier in erster Linie Frauen) in der deutschen Presse am stärksten vertreten sind. Darin zeigte sich, dass die ersten Plätze von der Darstellung des Zuwanderers als „Opfer", das unter Zwang steht, dem häusliche, staatliche oder religiöse Gewalt angetan wurde, sowie als „Integrationsbedürftige", das spezieller Förderung bedarf, belegt wurden (vgl. Lünenborg et al. 2011).

Im Folgenden soll es jedoch nicht nur um mediale Repräsentation von ethnischen Minderheiten gehen, sondern die viel allgemeinere Frage aufgeworfen werden, wie Vorurteile und Diskriminierungen entstehen, welche Funktion sie haben und wie ihnen in den verschiedenen Feldern auch begegnet werden kann. Dabei wird der Fokus auf die Darstellung der Muslime gerichtet werden, sowohl auf ihre Selbstsicht als auch auf ihre Fremdwahrnehmung.

Vorurteile als zentrale Hemmnisse der Integration muslimischer Zuwanderer

2

Die gegenwärtigen Debatten um Zuwanderung und die Integration von Migranten mit muslimischer Religiosität haben einen Diskurs um sogenannte „Parallelgesellschaften" mit ihren unterschiedlichen Wertestandards und Erziehungspraktiken entfacht. Dieser im Alltag und in den Medien auf unterschiedlichen Reflexionshöhen ablaufender Diskurs hat sowohl das Bedürfnis verdeutlicht, einen gesellschaftlichen Konsens in diesen bedeutsamen Fragen zu bekommen; aber er hat auch in einigen Kreisen die Gräben zwischen der Mehrheitsgesellschaft und Muslimen vertieft. So ist bspw. durch eine Engführung des Diskurses um den Islam mit den Themen Terror, Fundamentalismus, Gewalt und Bedrohung – und in Folge zu massenmedial suggerierten Szenarien einer islamistischen Unterwanderung der bundesrepublikanischen Gesellschaft – die Möglichkeit des rationalen Diskurses geschwächt worden. Damit ist ein Nährboden geschaffen worden, der der Bildung und Verbreitung von Stereotypen und Vorurteilen Vorschub leistet. Das hat fatale Folgen für das Zusammenleben, weil solche Vorurteile und Stereotypen nicht unmittelbar durch Gegenbeispiele und Korrekturen zu revidieren sind. Denn Stereotype sind selten als „Allaussagen" formuliert; die Behauptung ist nicht: „Alle Muslime sind...", sondern vielmehr: „Die meisten Muslime sind...". Dadurch wird auch das Nichtzutreffen der Behauptung nicht als eine Widerlegung des Vorurteils begriffen.

Ferner sind die Außenkriterien, woran die Verifizierbarkeit eines Stereotyps zu messen wären, selten exakt formuliert und operationalisierbar; für den Einzelnen hat dieses „Stochern im Ungefähren" zur Folge, dass er keine Nötigung/Druck verspürt, seine Bilder über den anderen zu ändern, auch wenn es nicht ganz zutrifft (vgl. Stapf et al. 1986).

Erschwerend kommt hinzu, dass die gesellschaftlichen Aufstiegschancen von (muslimischen) Migranten oft an ein assimiliertes Verhalten geknüpft sind; aber Assimilierte dann nicht mehr als Vertreter ihrer ursprünglichen Referenzgruppe wahrgenommen werden und die psychologische Erwartung, dass diese Personen dann erwartungsinkonsistente Informationen erzeugen, d. h. tatsächlich anders sind, als wie man sich sonst Muslime vorstellt, und dadurch zu einer Veränderung des Stereotyps innerhalb der Mehrheitsgesellschaft beitragen könnten, kaum zur Geltung kommt.

Stereotypen bilden aber nicht lediglich die kognitive Dimension von sozialer Diskriminierung – denn dann könnte man aus einem liberalen Gestus heraus sagen, dem Einzelnen sei gleichgültig, was andere Gruppen über ihn denken – sondern sie bestimmen oft auch das Verhalten gegenüber dieser Gruppe; d. h. sie werden verhaltenswirksam und tangieren wichtige Lebensbereiche. Die soziale Brisanz dabei liegt jedoch darin, dass soziale Diskriminierung u. a. auch durch Prozesse ausgelöst werden, die sich der direkten subjektiven Kontrolle entziehen, indem bspw. durch eine einseitige, überakzentuierende Berichterstattung und medialen Diskurs bestimmte Bilder über den Anderen erzeugt bzw. unwillkürlich assoziiert werden (vgl. Sassenberg et al. 2007).

Die wahrgenommenen Diskriminierungen beeinflussen darüber hinaus auch die Reaktionen der betroffenen Gruppen: Die Folgen sind vermehrter Rückzug; Reethnisierungsprozesse und die Wahrnehmung der Mehrheitsgesellschaft als undurchlässig, wie sie bspw. exemplarisch in einer jüngeren Studie von Skrobanek (2007) anhand türkischer -und Aussiedlerjugendlicher empirisch gezeigt wurde.

Bei einer psychologischen Analyse lassen sich bei der Bildung von Stereotypen folgende kognitive Prozesse identifizieren:

1. Stereotype sind als ein Ergebnis der Bemühung zu verstehen, die Reizvielfalt der sozialen Umwelt zu ordnen und sie handhabbar zu machen. Deshalb findet a) eine Kategorisierung statt, bei der ähnliche Dinge und Personen nicht mehr weiter differenziert, sondern als gleich betrachtet werden; es findet eine Reduktion der Komplexität statt. Ferner tritt eine kognitive Aufwandsersparnis auf; d. h. ein „Problem", eine Zuordnung wird ohne viel Nachdenken gelöst.
2. Es findet eine Generalisierung statt: Erwartet wird, dass sich Mitglieder einer Kategorie so verhalten bzw. dieselben Eigenschaften aufweisen, wie derjenigen, mit denen man bisher Kontakt hatte.
3. Es findet eine Akzentuierung statt, bei der es zu einer Überschätzung der Ähnlichkeiten innerhalb einer Kategorie (z. B. zwischen den „Türken" oder den „Muslimen" etc.) sowie zu einer Überschätzung der Unterschiede zwischen den Kategorien (z. B. zwischen Deutschen und Türken) kommt (vgl. Stapf et al. 1986).

Selbstverständlich sind das psychische Prozesse, die auch wirksam werden bei den Stereotypen von Muslimen über die Mehrheitsgesellschaft und nicht nur der Mehrheit gegenüber Zuwanderern.

2.1 Integration von Muslimen: die Selbstsicht

Will man die Integrationsfähigkeit des Islam verstehen, so scheint es – jenseits der Fremdzuschreibungen- zunächst wichtig zu sein, aus einer Innenperspektive den familiären Hintergrund islamischer Kinder und Eltern zu betrachten.

Die Grundanforderungen an eine psychisch-stabile Identität, eine Balance zwischen dem Eigenem und dem Fremden zu halten, sind für muslimische Familien und Kinder wesentlich höher als für Einheimische. Für sie gilt: Zuviel Wandel und Aufgeben des Eigenen führt zu Chaos, zu wenig Wandel zu Rigidität. Sie müssen, einerseits über die Differenz zum Anderen, eigene Identität bewahren, andererseits aber auch, sich um Partizipation kümmern sowie das für zunächst Fremde übernehmen. Integration nach innen und Öffnung nach außen stellen sich als notwendige, aber teilweise widersprüchliche Anforderungen dar. Diese Belastungen führen zu Stress und Verunsicherung, die sich insbesondere in der Eltern-Kind-Beziehung bemerkbar machen. Denn in dem Maße nämlich, indem eine Akkulturation, d. h. ein allmählicher Erwerb der Standards der Aufnahmekultur durch die Kinder erfolgt, findet in der Regel auch eine Entfernung von den Werten der Herkunftskultur statt; dieser Widerspruch, sich einerseits in die Mehrheitsgesellschaft zu integrieren, andererseits aber auch kulturelle Wurzeln nicht ganz aufzugeben, gestaltet sich insbesondere im erzieherischen Kontext als spannungsgeladen. Denn besonders Kinder, die sich – aufgrund ihrer schulischen Sozialisation im Einwanderungsland – vermutlich rascher und intensiver als ihre Eltern an die Kultur des Einwanderungslandes akkulturieren, verlieren dadurch gleichzeitig ihre sozialisatorischen Bindungen an ihre Herkunftskultur (Garcia Coll und Magnusson 1997; Buriel und de Ment 1997). Die Eltern könnten daher eher geneigt sein, diese als bedrohlich wahrgenommene Entfernung der jüngeren Generationen durch verstärktes Disziplinieren ihrer Kinder und der Erinnerung an eigenkulturelle Verhaltensweisen wieder herzustellen (vgl. Uslucan et al. 2005). Besonders in hierarchisch strukturierten Familien entstehen aus diesem unterschiedlichen Akkulturationsstand Spannungen. Dadurch werden übliche Rollenerwartungen erschüttert und Eltern betrachten mehr und mehr ihre Autorität als gefährdet.

Religion bzw. religiöse Orientierung kann hier den Betroffenen helfen, ein Teil dieser Ambivalenzen zu ertragen, indem eindeutige und klare Regeln der

Lebensführung vermittelt werden; gleichwohl erzeugt die Religion auch neue Ambivalenzen (z. B. wie eine religiöse Sinnstiftung in der säkularen Moderne noch möglich ist).

Was die allgemeine Religiosität insbesondere türkeistämmiger Migranten in Deutschland betrifft, so zeigt diese sich erstaunlicherweise über Generationen hinweg als stabil hoch, und zwar weitestgehend unabhängig von sozialen Schichtungsmerkmalen innerhalb dieser Gruppe; und auch der Anteil der „hochreligiösen" ist bei der ersten wie bei der zweiten Generation deutlich höher als bei Deutschen (Diehl und Koenig 2009).

Gerade in der Diaspora erlangt der Islam möglicherweise gegenüber migrationsbedingten erlittenen Kränkungen eine Überhöhung und wird stärker identitätsrelevant als in der Herkunftskultur. Dadurch wird die Religiosität bewusster erlebt. In diesem Kontext hat Religion dann eine bedeutsame Ordnungsfunktion. Das heißt also: Die Orientierung am Islam hilft mit Blick auf den Erziehungskontext, die in der Moderne – übrigens auch für deutsche Eltern – immer schwerer gewordene Frage nach angemessenen Erziehungsinhalten zu vermeiden bzw. zu umgehen. Positiv formuliert, gibt der Islam klare Regeln und eine Orientierung vor, reduziert dadurch Komplexität. Das könnte erklären, warum Religion bzw. Religiosität nach wie vor zu einem der drei wichtigsten Erziehungsziele türkeistämmiger Migranten gehört (Diehl und Koenig 2009).

Gerade mit dem Familiennachzug stellt sich für viele (muslimische) Migranten die Frage der Weitergabe der eigenen Tradition und Religion an die nachwachsende Generation um so mehr, je stärker sich die Familien in der Fremde bedroht erleben, Rückzugstendenzen in eigene kulturelle Muster zeigen und das Abgrenzungsbedürfnis stärker erleben. Eine intensive religiöse Orientierung der Erziehung hat aus elterlicher Sicht die Zielsetzung, eine Rückbindung und ein Verstehen der Lebenswelt der Eltern zu gewährleisten und dem Kind die Möglichkeit einer intellektuellen Auseinandersetzung mit der eigenen Tradition zu verschaffen. Während eine religiöse Sozialisation in den islamischen Ländern vielfach vom Kontext unterstützt und zum Teil unreflektiert als eine Alltagsgewissheit übernommen wird, und durch das soziale Umfeld eine Koedukation erfolgt, ist davon auszugehen, dass in der Migrationssituation – dort, wo der bestätigende und unterstützende Kontext entfällt – eine gezielte islamische Erziehung erfolgt[1]. So beobachtet bspw. Werner Schiffauer

---

[1] Hier ist jedoch im Auge zu behalten, dass islamische Erziehungsvorgaben und -muster nicht für alle Migranten aus islamischen Familien Gültigkeit haben, weil innerhalb des Islam gravierende Unterschiede in den verschiedenen Ausrichtungen vorherrschen (vgl. Stöbe 1998) und die Anwendung islamischer Erziehungspraktiken oft von Merkmalen wie etwa ländliche oder städtische Herkunft, soziale Schicht und Bildungsgrad, Religiosität der eigenen Eltern abhängt.

(1991) in der Migration eine „Islamisierung des Selbst", die mit einer Individualisierung einhergeht, weil in der Fremde der Islam nicht so sehr die Funktion der kollektiven Vergegenwärtigung und Plausibilisierung der Alltagswirklichkeit hat. Denn in der Migration ist die (eigene religiöse) Gemeinde nicht vorgegeben, sondern sie kann gewählt werden. Durch die stärker individuelle Beschäftigung mit der Religion steht die Suche nach „religiöser Wahrheit" im Vordergrund; in Folge wird die Zugehörigkeit zum Islam eher spiritualisiert.

Die Zugehörigkeit zum Islam ist ein Bestandteil der kulturellen Identität, der in der Migrationssituation eine besondere Bedeutung bekommt: sie kann sowohl ein Ausdruck der Selbstausgrenzung (von der Mehrheitsgesellschaft) und Differenzierung, zugleich aber auch ein eher individual-biographisches Merkmal religiöser Bindung sein.

Auch wenn eine gelebte Religiosität in der Moderne unter starkem Legitimationsdruck steht, so erfüllt sie eine wichtige Funktionen für die existentielle Sinnstiftung menschlichen Handelns. Vorgänge können (religiös) gedeutet werden, die sonst sinnlos blieben. Die erfahrene Wirklichkeit wird strukturiert und somit verstehbar.

Einige Befunde aus der amerikanischen Religionspsychologie deuten darauf hin, dass es einen Zusammenhang zwischen Spiritualität und Gesundheit gibt, und zwar derart, dass religiöse Menschen häufig bessere Gesundheitswerte haben. Dieser Zusammenhang ist jedoch nicht kausal zu verstehen, sondern vielfach geht Religiosität mit bestimmten Formen gesunder Lebensführung einher, wie etwa geringer Alkoholkonsum, höhere soziale Unterstützung in der Gemeinde, häufigere Aktivierung positiver Gefühlszustände wie Hoffnung und Zuversicht, die das Wohlbefinden positiv beeinflussen sowie mehr Bewegung im Alltag durch das tägliche Gebet (vgl. Oman und Thoresen 2002).

2.2 Die Fremdsicht: Diskriminierungserfahrungen von Muslimen:

Im Folgenden werden auf drei Bereiche genauer eingegangen. Zunächst soll das Bild der Muslime in den Medien, dann ihre Chancen auf dem Arbeitsmarkt und abschließend ihre eigenen Erfahrungen im sozialen Alltag hinsichtlich ihrer Diskriminierungen betrachtet werden.

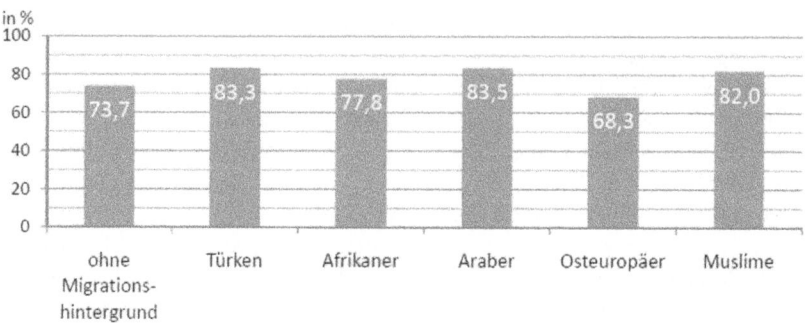

Abb. 2.1 Zu negative Darstellung von Zuwanderern in den deutschen Medien aus der Sicht verschiedener Gruppen. (SVR 2013)

2.2.1 Einstellungen gegenüber Muslimen und ihre Darstellung in den Medien

Die Einschätzung, wie gut oder wie schlecht die Integration von Muslimen gelungen ist, hängt nicht nur von den objektiven Gegebenheiten ab, sondern auch vom Image, das sie haben, von den Bildern über sie in der Gesellschaft; denn Menschen handeln nicht nur aufgrund objektiver Wirklichkeitskenntnis, sondern der subjektiven Perzeption dieses Wirklichkeitsausschnittes.

Eine jüngere Studie des Sachverständigenrates für Migration und Integration deutscher Stiftungen (SVR) zeigt, dass auf der einen Seite sowohl zugewanderte Muslime als auch Einheimische zufrieden mit den sozialen Interaktionen im Alltag sind und darin keine Probleme sehen, andererseits aber beide Gruppen (Deutsche 70 %; Muslime 74 %) der Meinung sind, dass Muslime in den Medien überwiegend negativ dargestellt werden.

Insbesondere Muslime aus arabischen Ländern sowie Türkeistämmige sehen sich dabei als ausgesprochen negativ dargestellt.

Abbildung 2.1 unterstreicht, dass auch bei Zuwanderern aus Osteuropa (68 %) und den Personen ohne Migrationshintergrund (73 %) eine beträchtliche Anzahl der Meinung ist, dass Migranten in den Medien inadäquat dargestellt werden; diese Rate ist jedoch bei Personen mit einem arabischem (84 %) und türkischem Hintergrund (83 %) deutlich höher; bei Muslimen allgemein liegt sie immerhin auch bei 82 %.

Vergleicht man die Einstellungen gegenüber verschiedenen religiösen Minderheiten in einigen europäischen Ländern, so zeigt sich, dass vor allem gegenüber Muslimen die meisten feindseligen Einstellungen vorherrschen, wobei bemerkens-

2.2 Die Fremdsicht: Diskriminierungserfahrungen von Muslimen:

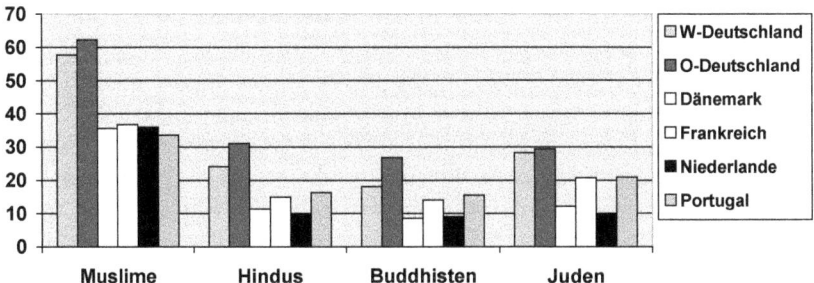

Abb. 2.2 Negative Einstellungen gegenüber Muslimen, Hindus, Buddhisten und Juden

werter weise Deutschland besonders negativ hervorsticht; und hier noch einmal der Osten Deutschlands (vgl. Foroutan 2012).

Abbildung 2.2 verdeutlicht, dass negative Einstellungen gegenüber Muslimen in ausgewählten westeuropäischen Ländern weit verbreitet, die Ablehnungsraten gegenüber anderen religiösen Gruppierungen etwas moderater sind[2].

Die hohen Raten in Ostdeutschland sind insofern bemerkenswert, da dort kaum sichtbare muslimische communities vorhanden sind; insofern können die feindseligen Einstellungen nicht das Produkt einer falschen Generalisierung vorhandener Erfahrungen sein, sondern scheinen sich vielmehr aus der allgemeinen medialen Wahrnehmung der Muslime zu speisen.

Über die Gründe der geringeren Toleranzrate gegenüber Muslimen lässt sich viel spekulieren; historisch kann jedoch festgehalten werden, dass die Erfahrungen Deutschlands mit dem Islam im Vergleich zu bspw. Großbritannien oder Frankreich deutlich jünger sind; während Muslime in Großbritannien und Frankreich vielfach aus den früheren Kolonien kamen und bei ihrer Ankunft zumindest sich sprachlich verständigen konnten und es eine höhere Interaktionsdichte mit den Einheimischen gab (vgl. Waardenburg 2000), begann die deutsche Erfahrung mit dem Islam weitestgehend mit den ersten Gastarbeitern aus der Türkei in den frühen sechziger Jahren des letzten Jahrhunderts.

---

[2] Von der Tendenz her ähnliche Werte ließen sich auch in den Daten des GMF-Surveys (Gruppenbezogene Menschenfeindlichkeit) finden: rund 30–40 % der Befragten hatten explizit ablehnende Haltungen zu Muslimen in Deutschland, wünschten, dass ihre Zuwanderung nach Deutschland untersagt werden sollte bzw. fühlte sich durch die Präsenz von Muslimen in Deutschland „fremd" (vgl. Leibold und Kühnel 2008).

2.2.2 Religiosität als Hindernis im Arbeitsleben

Die von Stichs und Müssig (2013) durchgeführte Sonderauswertung der BAMF-Studie von 2008 (Muslimisches Leben in Deutschland), die auf muslimische und christliche Zielpersonen im Alter von 25–64 Jahren fokussiert, weist den Einfluss von Religionszugehörigkeit und Gläubigkeit auf die strukturelle Integration unter Berücksichtigung sozialstruktureller Variablen klar nach: So wird dort zunächst gezeigt, dass die Einbindung und Positionierung auf dem Arbeitsmarkt in erster Linie durch das Geschlecht beeinflusst sind, der Einfluss der Religion sich vornehmlich nur in der Gruppe der Frauen als statistisch signifikant erweist. Demnach waren gläubige Muslime seltener erwerbstätig (differenziert wurde zwischen Frauen mit und ohne Kopftuch). Zwischen muslimischen und christlichen Männern gab es hingegen kaum Unterschiede im Erwerbsstatus.

2.2.3 Diskriminierungserlebnisse im Alltag

Darüber hinaus hat das Zentrum für Türkeistudien und Integrationsforschung (ZfTI) in seiner jährlichen Mehrthemenbefragung (an einer repräsentativen türkeistämmigen Haushaltsstichprobe) für das Land Nordrhein-Westfalen (vgl. ZfTI 2010) die Diskriminierungserfahrungen abgefragt (vgl. Abb. 2.3). Gleichwohl es sich dabei um Türkeistämmige handelt, nicht explizit um Muslime, so ist doch davon auszugehen, dass mehr als 80 % der Befragten sich als der islamischen Kultur zugehörig begreifen.

Unsere Ergebnisse zeigten, dass rund 81 % der Befragten angaben, im alltäglichen Leben die Erfahrung ungleicher Behandlung von Zuwanderern und ethnischen Deutschen gemacht zu haben. Im Zeitverlauf wird deutlich, dass die Erfahrung mit Ungleichbehandlung von 1999 bis etwa 2003 stetig ansteigt, aber von zwischen 2004/2005 bis etwa 2009 langsam zurückgeht und im Jahre 2009 mit 67 % einen Tiefststand erreicht. Im Jahre 2010 – der Hochphase der Sarrazin-Debatte – erreichen die Diskriminierungen allerdings den bisherigen Höchststand.

Spezifiziert man die Diskriminierungserfahrungen nach verschiedenen Lebensbereichen, so ergibt sich das in Abb. 2.4 dargestellt Bild: Deutlich wird, dass insbesondere in den Bereichen, in denen sich vor allem die strukturelle Integration vollzieht – also auf dem Arbeitsmarkt und auf dem Wohnungsmarkt – Türkeistämmige besonders stark von Diskriminierungen betroffen sind. Dies sind Bereiche, in denen ein individuelles Ausweichen auf andere Anbieter nur schwer möglich ist, und deshalb die Erfahrungen der Ausgrenzung eine hohe persönliche Vulnerabilität erzeugen. Darüber hinaus wurden relativ häufig Diskriminierungserfahrungen

2.2 Die Fremdsicht: Diskriminierungserfahrungen von Muslimen: 11

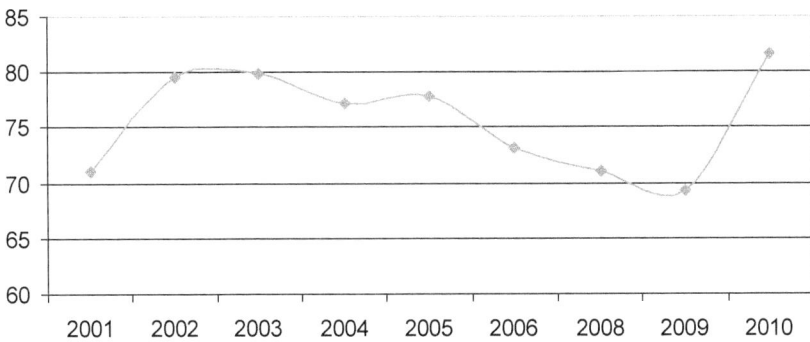

Abb. 2.3 Diskriminierungserfahrungen 2001 bis 2010* (in Prozent) (* Im Jahr 2000 wurden die Diskriminierungserfahrungen nicht erfasst.). (Quelle: eigene Auswertungen ZfTI 2010)

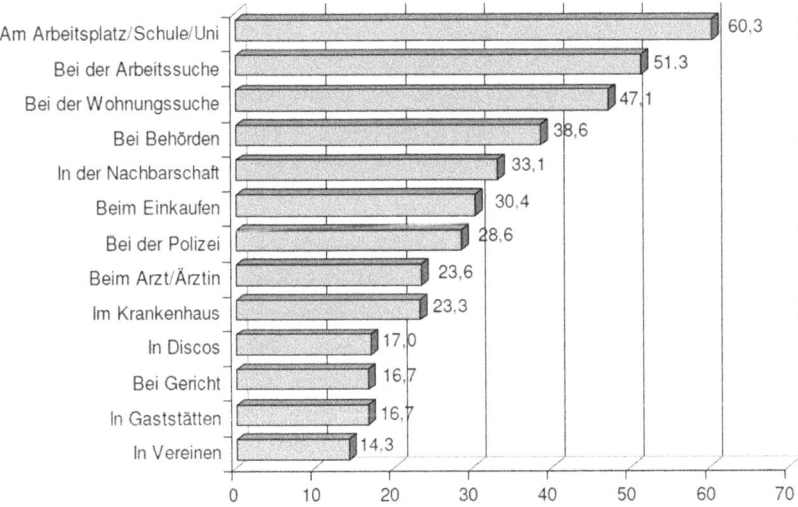

Abb. 2.4 Diskriminierungserfahrungen Türkeistämmiger in verschiedenen Lebensbereichen (Angaben in Prozent). (Quelle: eigene Auswertungen des ZfTI 2010)

in Behörden, beim Einkaufen und bei der Polizei berichtet. Geringer als erwartet waren hingegen Diskriminierungserfahrungen in Diskotheken, bei Gerichten und in Gaststätten.

2.3 Die Sicht der Betroffenen

2.3.1 Auswirkungen erfahrener Diskriminierung

Eine allgemeine Analyse von Diskriminerungserfahrungen zeigt (neben der hier skizzierten Perspektive, dass sie der gelingenden Integration bzw. Teilhabe abträglich ist) weitere den Einzelnen betreffende essenzielle Dimension des Lebens auf: Diskriminierungserfahrungen führen auch zu gesundheitlichen Belastungen von Zuwanderern. Das müssen nicht immer eklatante, für alle evidente Fälle von Diskriminierung sein; oft sind es „lediglich" tagtägliche Stressfaktoren – sogenannte *daily hassles* (kleine Sticheleien), etwa mimische, gestische Herabsetzungen oder Ignoranz im Alltag, die sich äußerst negativ auf die Lebenszufriedenheit auswirken und Zuwanderern selbst einfache Anforderungen des täglichen Lebens (etwa einen Behördengang) zu einer großen Belastung werden lassen. Dadurch tragen sie zu einer „erlernten Hilflosigkeit" von Zuwanderern bei.

Diskriminierungen im pädagogischen Bereich können sogar dazu führen, dass Bildungskarrieren gebremst bzw. gehemmt werden: So haben Gomolla und Radtke (2002) in ihren wegweisenden Studien zur institutionellen Diskriminierung im Bildungsbereich ausführlich dargelegt, dass alleine durch die Befolgung bestimmter formaler Abläufe, bürokratischer und organisationeller Prozeduren und Regeln nicht alle Gruppen im Bildungsbereich die gleichen Chancen zum Erfolg haben und systematisch eine Chancenungleichheit verstetigt wird.

In den USA existiert schon seit längerer Zeit für diese Fragestellung ein gesicherter Wissenskorpus aus der sozialpsychologischen Forschung, der einen Teil der kognitiven Leistungsunterschiede von Einheimischen und ethnischen Minderheiten erklärt: So zeigen die Experimente von Steele (1997) und anderen Forschern, dass eine Bedrohung durch (negative) Stereotype (stereotype threat) nicht nur das Selbstwertgefühl der Menschen, sondern auch seine kognitiven Fähigkeiten beeinflussen kann. In den Experimenten zeigte sich bspw., dass die Angst von Afroamerikanern vor diesen Stereotypen dazu beitrug, dass sie in der Tat schlechtere Ergebnisse als die „weißen" Studierenden zeigten. Die Befürchtung, dass man durch das Verhalten negative Gruppenstereotype bestätigen könnte, wirkte sich sogar auf die Mathematikleistungen aus. Die Bedrohung durch Stereotype wirkt sich zwar kurzfristig nur auf die intellektuelle Leistungsfähigkeit aus; langfristig kann sie jedoch auch die erfolgreiche Bildungsteilhabe verhindern. Als Erklärung hierfür lässt sich anführen, dass bei Schülern die Identifikation mit Bildung bzw. Bildungsinhalten abnimmt und es zu einer Verschiebung der selbstwertrelevanten Domänen kommt. Um den Selbstwert, der durch eine negative Beurteilung im schulischen

Erfolg beeinträchtigt wird, zu schützen, entwickeln Betroffene ein Selbstkonzept, das immun gegen Stigmatisierung aufgrund negativer schulischer Leistungen ist. Die Bewertung im schulischen Bereich verliert dadurch ihre Bedeutung für den Selbstwert und die Identität. Die geringere Identifikation mit schulrelevanten Bereichen ist somit eine Reaktion auf den Druck, der durch die Bedrohung durch Stereotype entsteht. Sie hat die Funktion, den Selbstwert aufrecht zu erhalten und zu schützen.

Das eröffnet zugleich die Perspektive, wie Minderheiten solchen kränkenden Erfahrungen begegnen können:

(1) Eine Möglichkeit besteht darin, die eigene soziale Identität zu stärken bzw. positive Aspekte der eigenen Identität besonders herauszustellen.
(2) Sie können in ihrer subjektiven Identifikation ihre Gruppen verlassen und emotional bzw. in der Selbstidentifikation Mitglied einer anderen Gruppe werden, die einen höheren Status einnimmt. So sehen wir im Alltagsdiskurs gelegentlich Minderheiten, die exponierte Positionen der Vertreter der Mehrheit übernehmen und auf „Minderheiten" herabblicken; dies findet z. B. statt durch die Übernahme von „Argumenten" der Islamkritiker oder „Multi-kulti-Kritiker". Dieser Perspektiv- und Gruppenwechsel führt dazu, dass sie ihren eigenen Status erhöhen.
(3) Darüber hinaus kann auch eine Reethnisierung, also der Rückbezug auf eine imaginierte und womöglicherweise stilisierte, überhöhte eigene Gruppe, insbesondere für Zuwanderer, die Opfer von Diskriminierungen werden, eine geeignete Strategie sein, um den Selbstwert zu schützen (vgl. Uslucan und Yalcin 2012).

2.4 Dialektik von Ausgrenzung und Selbstausgrenzung

Was sind die Folgen einer Zentrierung der Person sowie einer Zentrierung der Erziehung um die Religion? Mit Blick auf das interkulturelle bzw. multireligiöse Zusammenleben ist zunächst jede Form (und nicht nur die islamische) einer intensiven religiösen Erziehung problematisch: Die Gefahr der Bildung eines geschlossenen Überzeugungssystems, das zu einer Vereinfachung kindlichen Denkens neigt und möglicher weise zu einer Überschätzung, zu Überlegenheitsansprüchen und Abwertungen anderer Ansichten führt, ist nicht von der Hand zu weisen. Extremformen sind dann komplette Desinformation/Falschinformationen über die säkulare Mitwelt. Folge ist eine verzerrte Welt- und Wirklichkeitswahrnehmung des Kindes, Beeinträchtigung kindlichen Explorationsverhaltens und kindlicher Kreativität (durch Aufstellung religiös begründeter Denktabus und Dogmen) sowie rigides Denken. Darüber hinaus führt eine hohe Geschlossenheit zwar zu einer Sicherheit, aber auch zu einem ausgesprochenem Konformitätsdruck innerhalb der Gruppe: Durch die intensiven Kontakte in der „In-group" werden Abweichungen weniger toleriert, wodurch die Entstehung eines dichotomen Weltbildes (Wir-Ihr; Freund-Feind, gläubig-ungläubig etc.) gefördert wird.

Ferner scheint eine starke religiöse Erziehung, die mit Berufung auf ein religiöses Familien- und Erziehungsbild demokratische Strukturen als Auflösungserscheinung betrachtet, zu einem Integrationshindernis zu werden, wenn gleichzeitig Eltern aus der Sorge vor negativen sozialisatorischen Konsequenzen heraus die Kinder nicht am Kindergarten, nicht an der Vorschule, an deutscher Spielumgebung für ihre Kinder teilnehmen lassen, weil sie bei zu vielen und zu frühen Kontakten mit deutscher Umgebung eine kulturelle Entfremdung befürchten (Karakasoglu-Aydin 2000). Diese Furcht scheint in solchen Kontexten noch größer zu sein, wo Eltern auch tatsächlich nur wenige Möglichkeiten haben, ihr Kind effektiv zu kontrollieren. Hier gilt es, noch mehr Transparenz für tatsächliche, und nicht nur lediglich vermutete „Gefahrenpotenziale" zu schaffen und die Ängste und Sorgen muslimischer Eltern mit ihnen stärker zu thematisieren.

Gleichwohl aus psychologischer Sicht die bedenklichen Aspekte der erwähnten dogmatischen Erziehungspraktiken nicht zu unterschätzen sind, ist festzuhalten, dass nicht nur islamische Erziehungskonzeptionen, sondern generell religiös-traditionale Erziehungskonzeptionen im Widerspruch mit der säkularen Moderne liegen. Was bspw. die Sexualität betrifft – insbesondere die Überwachung der weiblichen Sexualität -, so ist der restriktive Umgang nicht nur eine spezifisch islamische Haltung, sondern ein typisches Zeichen religiös fundamentalistischer Orientierungen (z. B. die christlich fundamentalistische Gruppe der 12 Stämme, die ihre Kinder nicht in den Sexualkundeunterricht schicken).

2.5 Auswege aus der Umklammerung von Viktimisierung und Selbstviktimisierung

2.5.1 Kulturell-religiöse Differenzen oder Modernitätsunterschiede

In Erziehungsdiskursen werden vielfach Fremdheiten und kulturelle Distanzen immer wieder konstruiert, indem der Islam auf seine antiwestlichen und explizit vormodernen Dimensionen reduziert wird. Und das, obwohl in verschiedenen Studien dokumentiert wird, dass muslimische Jugendliche wie auch ihre Familien in ihrem Sozialisationsprozess nicht von homogenen eigenkulturellen oder - religiösen „Blöcken" beeinflusst werden, sondern vielfach im Alltag typische pragmatische Patchwork-Aktivitäten eingehen, d. h. sich das jeweils für sie funktional und passend erachtete Element der jeweiligen Referenzgruppe (z. B. türkische und deutsche) aneignen. Hier ist immer wieder hilfreich, kulturell-religiöse Differenzen von Modernitätsunterschieden in der Lebensgestaltung zu trennen. Denn häufig werden Regeln der Alltagsgestaltung vorindustrieller Kulturen von Muslimen vielfach religiös bzw. islamisch begründet, was somit zu einer ungewollten Distanzmaximierung zwischen ihnen und den Vertretern der Mehrheitsgesellschaft führt.

2.5.2 Voraussetzungen des Vergleichs

Vergleiche von Muslimen und Deutschen basieren häufig auf ungleichen Voraussetzungen und schüren ungewollt Vorurteile: So wird vielfach die „emanzipierte" deutsche Frau mit der (eher traditionellen) muslimischen Frau verglichen und es wird gezeigt, welche Modernitätsdefizite die Muslimin aufgrund ihres Glaubens aufweist. Dabei sind verschleierte Ordensfrauen oder Diakonissen für ihren besonders christlichen Lebensstil kaum den vergleichbaren Diskriminierungen ausgesetzt wie etwa verschleierte muslimische Frauen. Auch gilt es, eine gewisse historische Vorsicht walten zu lassen, was die immer wieder aufgegriffene Ungleichheit von Mann und Frau im Islam betrifft. Hier ist daran zu erinnern, wie Tan (1999) anmerkt, dass vielfach Diskussionen der Gegenwart ahistorisch rückprojeziert werden. Die Gleichberechtigung von Mann und Frau als eine zu verwirklichende Norm ist ihrerseits ein historisches Produkt und kaum mehr als 300 Jahre alt. Wie kann diese Norm daher bereits Thema des politischen oder religiösen Diskurses des Korans des 7. Jahrhunderts oder der kriegerisch-nomadischen Werte der arabischen Halbinsel zur Konstitutionsphase des Islam gewesen sein?

Andererseits ist auch festzuhalten, dass die Orientierung an einer idealtypischen Gemeinde zu Mohammeds Zeiten als erzieherisches Leitbild von fundamentalistischen Muslimen zwangsläufig zu einer Selbsttäuschung, Frustration und Lebensfremdheit (insbesondere in der Migrationssituation) führen muss, da in westlichen Gesellschaften Beziehungen vielfach eher affektneutral sind und auf der Ebene des Rechts als auf Sympathie- und Verwandtschaftsbeziehungen erfolgen.

Auch wenn es in der Erziehung stets um die eigene Zukunft (Rettung der eigenen Seele) und auch die ultimative Stellung des Einzelnen vor Gott (im Jenseits) geht, so sind die Beispiele und Orientierungsmodelle des Islam vielfach aus der Vergangenheit gegriffen. Nicht zuletzt liegt die Schwierigkeit darin, dass im islamischen Selbstverständnis die konkrete Situation stets von der religiösen Tradition aus gedeutet wird: So stellt die konkrete Situation ein Anwendungsfall der Tradition dar, und zwar die Legitimationssuche 1) Koran, 2) Hadithe und 3) Sunna und erst danach der rationale Analogieschluss 4). Dadurch ist im Grunde aber bereits jede Situation weitestgehend vorgedeutet; ein Raum für das Neue, das Offene gibt es kaum, obwohl aber muslimische Migrantenkinder sich gerade in einer Situation befinden (religiöse Minderheit, aber mit fester Bleibeperspektive), die es so in der Tradition nicht gegeben hat. Gerade für muslimische Migrantenkinder kommt es darauf an, Tradition und aktuelle Situation in einen wechselseitigen Dialog zu bringen und damit natürlich zugleich auch die Tragfähigkeit religiöser Tradition zu erproben (Müller 2001).

2.5.3 Folgen von Diskriminierung

Wahrgenommene soziale Diskriminierungen lösen nicht nur Ärger und Frustration über die Mehrheitsgesellschaft aus, sie führen auch zu einer Festigung der sozialen Identifikation mit der Herkunftsgesellschaft und zu einer stärkeren Selbstsegregation. Insofern kommt einer wirkungsvollen Bekämpfung sozialer Diskriminierung von Minderheiten eine eminente Bedeutung bei deren Integration zu.

Nun könnte man geneigt sein, und das wird in der öffentlichen Diskussion auch immer wieder gefordert, dass doch die Zuwanderer/Muslime selbst an der Änderung ihres Bildes zu arbeiten haben und dadurch die Stereotype über sie verändern, indem sie bspw. sich darüber Informationen verschaffen und erkennen, welche Stereotype über sie existieren und sich dann konträr zu diesen Bildern verhalten. Gleichwohl aus einer sozialpsychologischen Perspektive eine interaktionsorientierte, beide Seiten berücksichtigende Sicht fast zwingend erscheint, ist zu bedenken, dass unter bestimmten Konstellationen Zuwanderer bzw. Muslime nur wenig Möglichkeiten haben, diese Stereotype über sie zu korrigieren; und dies noch weniger, wenn im Kontext von selbst erfüllenden Prophezeiungen sie gerade angemessen auf das Verhalten des anderen reagieren. Konkret heißt das: wenn bspw. Muslimen mit Ablehnung begegnet wird (aufgrund des negativen Stereotyps über sie) und sie auf diese Ablehnung ihrerseits zurückhaltend und ablehnend reagieren, was eine angemessene Reaktionsweise auf Ablehnung darstellt, dann wird das negative Bild über sie nur bestätigt. Vom Stereotyp abweichende Personen werden dagegen recht schnell individualisiert und isoliert; es geschieht ein „Subtyping"; d. h., sie werden als abweichend von der großen Gruppe der „Muslime" wahrgenommen, aber dadurch bleibt das allgemeine und gängige Stereotyp bestehen (vgl. Sassenberg et al. 2007).

2.5 Auswege aus der Umklammerung von Viktimisierung ...

Theoretisch ist darüber hinaus die Messung eines Anfangspunktes, eines „Nullpunktes" von Ausgrenzung und Selbstausgrenzung äußerst schwer; denn menschliches Handeln erfolgt nicht immer aufgrund objektiver Sachlage, sondern – wie die Soziologie dies seit den 20-er Jahren des 20. Jh. unter dem „Thomas-Theorem" kennt, interpretativ, d. h. aufgrund der subjektiven Definition und Erklärung der jeweiligen Situation (vgl. Skrobanek 2007).

2.5.4 Normbildung

Gruppennormen werden vielfach von prototypischen Repräsentanten der Eigengruppe bestimmt; und zwar sowohl hinsichtlich dessen, was sie über die Eigengruppe als auch was sie über die Fremdgruppe kommunizieren; denn sie geben Normen vor. Deshalb sind vor diesem Hintergrund sowohl muslimische als auch deutsche Personen des öffentlichen Lebens besonders aufgefordert, eine differenzierte Wahrnehmung des jeweils Anderen vorzunehmen, um negativen Stereotypisierungen und Vorurteilen entgegen zu wirken.

2.5.5 Sensible Berichterstattung

Darüber hinaus kann eine weitere wirkungsvolle Strategie darin gesehen werden, dass in der öffentlichen Wahrnehmung und Berichterstattung nicht nur die Unterschiede herausgestellt oder registriert werden, sondern auch die positiven Facetten von Minderheiten/Muslimen beleuchtet und sie in einen, die Mehrheit wie die Minderheit einschließendem, Referenzrahmen dargestellt werden (vgl. Sassenberg et al. 2007).

Gerade Medien haben durch ihre Meinungs- und Deutungshoheit eine starke einbindende bzw. ausgrenzende Wirkung. Sie können zur Vermeidung von Stereotypen beitragen, indem sie in ihrer Berichterstattung auf pauschale Zuschreibungen verzichten. Wichtig ist hier, die explizite Betonung von „Deutschen" und „Ausländern" bzw. „Zuwanderern" infrage zu stellen und nur bei Bedarf zu verwenden. Langfristig sollten auch die Mitarbeitenden in den Redaktionen die gesellschaftlichen Verhältnisse widerspiegeln. Deshalb gilt es, viel mehr Menschen mit Zuwanderungsgeschichte in die Belegschaft aufzunehmen und auf ihre Expertise und Sensibilität in der medialen Darstellung der Gesellschaft zurück zu greifen.

2.5.6 Vorurteilsabbau durch Kontakte

Häufig wird vermehrter Kontakt und dadurch natürlich die Möglichkeit einer reichhaltigen Information über den Anderen als eine wirkungsvolle Strategie der

Überwindung von Stereotypen und der Vorurteilsbekämpfung angeführt. Hier hat sich jedoch in der Forschung gezeigt, dass allein der Kontakt wenig bewirkt, weil diese Hypothese die Persönlichkeit als Wurzel des Vorurteils ignoriert; sondern stattdessen es gilt, bei dem Kontakt auf folgende Randbedingungen zu achten:

a. gleicher Status der kontaktaufnehmenden Gruppen,
b. Fremdgruppe widerspricht dem Stereotyp,
c. Kontakt erfordert Kooperation zur Zielerreichung (gemeinsame Ziele),
d. individueller (und tiefgehender) persönlicher Kontakt der Einzelnen,
e. begünstigende soziale Normen: günstiges soziales Klima, Unterstützung des Kontaktes durch Autoritäten (vgl. Jonas 1998).

2.5.7 Vorbeugen ist besser als Intervenieren

Zuletzt gilt es, um Missständen wirksam vorzubeugen, in pädagogischen Kontexten noch stärker Mechanismen der Selbstbeobachtung von Organisationen wirksam werden zu lassen; bspw. eine verstärkte Zusammenarbeit mit Institutionen wie Antidiskriminierungsbüros, die immer wieder die Deutungshoheiten von Schule, Medien, Politik etc. kritisch hinterfragen. Denn letztlich schützen diese – als Korrektiv – nicht nur Minderheiten vor ungerechtfertigen Verdächtigungen und Anklagen, sondern auch die Majorität vor unkritischen, selbstgefälligen Deutungen und Einstellungsmuster.

So kann bspw. der Staat mit gutem Beispiel vorangehen und als Arbeitgeber Vielfalt und aktive Antidiskriminierungsstrategien vorleben. Er kann Betriebe, die eine offensichtlich diskriminierende Praxis gegenüber Muslimen, aber auch anderen Minderheiten, zeigen, sanktionieren und bspw. von der Teilnahme an öffentlichen Ausschreibungen ausschließen sowie im Gegenzug Betriebe, die sich sensibel für kulturelle und religiöse Heterogenität zeigen, öffentlich würdigen.

Ferner kann der Gesetzgeber zum Teil legalisierte Diskriminierungen abschaffen, wie z. B. ausbeuterische Beschäftigungsverhältnisse mit Zugewanderten. Denn bei gleicher Leistung weniger entlohnte Arbeitskräfte werden als weniger wertvolle Menschen betrachtet.

Von einem der bedeutendsten Philosophen des 20. Jahrhunderts, Hans-Georg Gadamer, stammt die Einsicht: „In den Dialog treten heißt, eingestehen, dass auch der Andere Recht haben kann". Diese Maxime sollte – als eine selbstkritische Prüfung – die Grundlage des gemeinsamen Zusammenlebens bilden.

Literatur

Bonfadelli, H. (2007). Die Darstellung ethnischer Minderheiten in den Massenmedien. In H. Bonfadelli & H. Moser (Hrsg.), *Medien und Migration* (S. 95–116). Wiesbaden: VS Verlag.

Buriel, R., & de Ment, T. (1997). Immigration and sociocultural change in Mexican, Chinese, and Vietnamese American families. In A. Booth, A. C. Crouter, & N. Landale (Hrsg.), *Immigration and the family* (S. 165–201). Mahwah: Erlbaum.

Diehl, C., & Koenig, M. (2009). Religiosität türkischer Migranten im Generationenverlauf: Ein Befund und einige Erklärungsversuche. *Zeitschrift für Soziologie, 38*(4), 300–319.

Foroutan, N. (2012). *Muslimbilder in Deutschland. Wahrnehmungen und Ausgrenzungen in der Integrationsdebatte.* Berlin: Friedrich-Ebert-Stiftung.

Garcia Coll, C., & Magnusson, K. (1997). The psychological experience of immigration: A developmental perspective. In A. Booth, A. C. Crouter, & N. Landale (Hrsg.), *Immigration and the family* (S. 91–132). Mahwah: Erlbaum.

Geißler, R., & Pöttker, H. (Hrsg.). (2010). *Medien und Integration in Nordamerika. Erfahrungen aus den Einwanderungsländern Kanada und USA* (S. 83–126). Bielefeld: transcript Verlag.

Gomolla, M., & Radtke, F.-O. (2002). *Institutionelle Diskriminierung. Die Herstellung ethnischer Differenz in der Schule.* Opladen: Westdeutscher Verlag.

Jonas, K. (1998). Die Kontakthypothese: Abbau von Vorurteilen durch Kontakt mit Fremden. In M. Oswald & U. Steinvorth (Hrsg.), *Die offene Gesellschaft und ihre Fremden* (S. 129–154). Bern: Huber.

Karakasoglu-Aydin, Y. (2000). *Muslimische Religiosität und Erziehungsvorstellungen. Eine empirische Untersuchung zu Orientierungen bei türkischen Lehramts- und Pädagogik-Studentinnen in Deutschland.* Frankfurt a. M.: IKO.

Leibold, J., & Kühnel, S. (2008). Islamophobie oder Kritik am Islam? In W. Heitmeyer (Hrsg.), *Deutsche Zustände* (S. 95–115). Frankfurt a. M.: edition suhrkamp.

Lünenborg, M., Fritsche, K., & Bach, A. (2011). *Migrantinnen in den Medien. Darstellungen in der Presse und ihre Rezeption.* Bielefeld: transcript Verlag.

Müller, P. (2001). (Religions-)Pädagogische Überlegungen. In U. Baumann (Hrsg.), *Islamischer Religionsunterricht. Grundlagen, Begründungen, Berichte, Projekte, Dokumentationen* (S. 163–181). Frankfurt a. M.: Lembeck.

Oman, D., & Thoresen, C. E. (2002). „Does Religion Cause Health?": Differing Interpretations and Diverse Meanings. *Journal of Health Psychology, 7*(4), 365–380.

Sachverständigenrat deutscher Stiftungen für Integration und Migration (SVR). (2013). *Muslime in der Mehrheitsgesellschaft: Medienbild und Alltagserfahrungen in Deutschland.* Buch- und Offsetdruckerei H. Heenemann GmbH & Co. KG, Berlin.

Sassenberg, K., Fehr, J., Hansen, N., Matschke, C., & Woltin, K.-A. (2007). Eine sozialpsychologische Analyse zur Reduzierung von sozialer Diskriminierung von Menschen mit Migrationshintergrund. *Zeitschrift für Sozialpsychologie, 38,* 239–249.

Schiffauer, W. (1991). *Die Migranten aus Subay. Türken in Deutschland. Eine Ethnographie.* Stuttgart.

Skrobanek, J. (2007). Wahrgenommene Diskriminierung und (Re)Ethnisierung bei Jugendlichen mit türkischem Migrationshintergrund und jungen Aussiedlern. *Zeitschrift für Soziologie der Erziehung, 27*(3), 265–284.

Stapf, K. H., Stroebe, W., & Jonas, K. (1986). *Amerikaner über Deutschland und die Deutschen. Urteile und Vorurteile.* Opladen: Westdeutscher Verlag.

Steele, C. (1997). A threat in the air: How stereotypes shape intellectual identity and performance. *American Psychologist, 52*(6), 613–629.

Stichs, A., & Müssig, S. (2013). Muslime in Deutschland und die Rolle der Religion für die Arbeitsmarktintegration. In D. Halm & H. Meyer (Hrsg.), *Islam und die deutsche Gesellschaft* (S. 49–85). Wiesbaden: Springer VS-Verlag.

Stöbe, A. (1998). *Die Bedeutung des Islam im Sozialisationsprozess von Kindern türkischer Herkunft und für Konzepte interkultureller Erziehung.* Diss. Gesamthochschule Essen.

Tan, D. (1999). Zur Rolle der Religion in der Erziehung. In Analysen. Arbeitskreis Neue Erziehung (Hrsg.), *Erziehung – Sprache – Migration. Gutachten zur Situation türkischer Familien* (S. 37–92). Berlin: Arbeitskreis Neue Erziehung.

Uslucan, H.-H., Fuhrer, U., & Mayer, S. (2005). Erziehung in Zeiten der Verunsicherung. In Th. Borde & M. David (Hrsg.), *Kinder und Jugendliche mit Migrationshintergrund* (S. 65–88). Frankfurt a. M.: Mabuse.

Uslucan, H. H. (2010). Muslime zwischen Diskriminierung und Opferhaltung. In T. G. Schneiders (Hrsg.), *Islamverherrlichung. Wenn die Kritik zum Tabu wird* (S. 367–377). Wiesbaden: VS-Verlag.

Uslucan, H.-H., & Yalcin, C. S. (2012). Wechselwirkung zwischen Diskriminierung und Integration – Analyse bestehender Forschungsstände. Expertise des Zentrums für Türkeistudien und Integrationsforschung (ZfTI) im Auftrag der Antidiskriminierungsstelle des Bundes. http://www.antidiskriminierungsstelle.de/DE/Publikationen/publikationen_node.html?gtp=4191908_list%253D9 Zugegriffen am: 24. Apr. 2014.

Waardenburg, J. (2000). Islam in Europe: Some Muslim initiatives and European responses. *IMIS-Beiträge, 15,* 111–125.

ZfTI Zentrum für Türkeistudien und Integrationsforschung. (2010). Ergebnisse der elften NRW-Mehrthemenbefragung 2010. (http://www.zfti.de)

GPSR Compliance
The European Union's (EU) General Product Safety Regulation (GPSR) is a set of rules that requires consumer products to be safe and our obligations to ensure this.

If you have any concerns about our products, you can contact us on

ProductSafety@springernature.com

In case Publisher is established outside the EU, the EU authorized representative is:

Springer Nature Customer Service Center GmbH
Europaplatz 3
69115 Heidelberg, Germany

www.ingramcontent.com/pod-product-compliance
Ingram Content Group UK Ltd.
Pitfield, Milton Keynes, MK11 3LW, UK
UKHW021259180426
11947UKWH00015B/923